Remedios caseros
La salud
en su hogar

Remedios caseros
La salud
en su hogar

Editorial Época, S.A. de C.V.
Emperadores núm. 185
Col. Portales
C.P. 03300, México, D.F.

Remedios caseros.
La salud en su hogar

Rosalba Bobadilla Molina

© Derechos reservados 2008
© Editorial Época, S.A. de C.V.
 Emperadores núm. 185, Col. Portales
 C.P. 03300, México, D.F.
 email: edesa2004@prodigy.net.mx
 www.editorial–epoca.com.mx
 Tels.: 56-04-90-46
     56-04-90-72

ISBN: 970-627-633-5
ISBN: 978-970-627-633-9

Impreso en México — *Printed in Mexico*

Introducción

El lector encontrará en las líneas de este libro una constante preocupación por informar diversas curas consumiendo alimentos de origen natural que con frecuencia uno encuentra en la alacena del hogar, con los "hierberos" de su mercado local y, en ciertos casos, en el jardín, evitando la frecuente ingesta de químicos y medicamentos de modo excesivo.

Sin embargo, bajo ningún motivo se pretende demeritar las conclusiones clínicas a las que la comunidad médica ha llegado a través de siglos de estudio, por el contrario, es bien sabido que un diagnóstico debe ser elaborado por un especialista y será éste quien determine el tratamiento que se deba llevar a cabo en caso de enfermedad.

Este libro sólo pretende complementar una opinión médica y acelerar ciertos procesos de sanación, siempre que así lo autorice su doctor de confianza. Ahora bien, si usted se interesa por la vereda de la salud, debe tener muy presente que ésta no se encuentra en el remedio en sí, sino en la preservación de la lozanía y el vigor que anhelamos todos.

Aprovechando esta introducción a modo de recordatorio, no estará de más reiterar ciertos consejos que aparentemente a menudo olvidamos: un organismo sano debe estar libre de hábitos que rompan su equilibrio natural como no ingerir la cantidad suficiente de agua (dos litros al día) o sustituirla por bebidas saborizadas, desvelarse o no cumplir las ocho horas recomendadas de sueño, la falta de ejercicio, consumir alimentos "chatarra" o conservadores químicos en demasía, alcohol, tabaco o estupefacientes.

También el estrés es un factor que ha dominado la insanidad de manera impactante en la sociedad actual, y este fenómeno ha tenido cabida en nuestras vidas porque la rutina diaria nos ha envuelto en el olvido de nuestro templo: el cuerpo.

Se ha comprobado, por ejemplo, que al sonreír, besar, amar y ejercitar el cuerpo se generan endorfinas. Éstas son sustancias antidepresivas y ansiolíticas creadas por el cerebro para hacer nuestra cotidianeidad más placentera.

Se ha estudiado, también, la importancia de la neurolingüística. Es decir, los mensajes que día a día, ya sea de manera consciente o inconsciente, generamos sin percatarnos de los daños o beneficios que estos pueden causar. Por ejemplo, si una persona suele pensar o decir que no tiene la capacidad de llevar a cabo ciertas actividades, estará decretando u ordenando a su cerebro que así sea.

Si, por el contrario, un individuo acostumbra manifestar sus estados de alegría y mantiene un pensamiento positivo, estará decretando u ordenando a su cerebro que, debido a que la vida le es grata, sus capacidades pueden ser ilimitadas.

Más adelante, al pasar de las hojas, abordaremos temas de interés primordial que serán de gran ayuda en la búsqueda de la salud.

El libro contiene capítulos especializados en alimentación y nutrición, así como un índice de síntomas y padecimientos para que usted pueda acceder fácilmente a la información relacionada con estos y los remedios a los que puede recurrir después de analizarlos y pedir la opinión del médico de su preferencia.

Habrá que tomar en cuenta que la curación por medio de plantas y remedios caseros requiere paciencia y constancia, no es de efectos casi inmediatos como la medicina alópata.

En el primer inciso de este ejemplar encontrará las diferencias entre los términos **alópata** y **preventivo**, pues a lo que nuestros padres y abuelos llamaban remedios caseros actualmente se conoce como medicina preventiva. Es en este campo en el que está fundamentada la información de las siguientes páginas.

¿Qué son los remedios caseros?

Dentro de la medicina natural, analizada de modo científico ya desde hace muchos años, están la medicina preventiva y la correctiva, campos ampliamente estudiados y que antes las abuelas solían englobar como remedios caseros.

La medicina preventiva concierne a la utilización integral de elementos y costumbres que mantienen el óptimo funcionamiento de las capacidades de nuestro cuerpo para evitar síntomas desfavorables. La medicina correctiva, como su nombre lo sugiere, se refiere a la curación del mal ya manifestado, de manera que funcione como ayuda para retornar al estado saludable.

En ambos casos, los tratamientos se logran por medio del sano aprovechamiento de los nutrientes contenidos en los alimentos, plantas y vegetales. No se trata, de ningún modo, de creencias místicas o mágicas, ni de recetas otorgadas por brujas o hechiceros, sino de la verdad indiscutible que dicta que el organismo humano requiere un balance de las propiedades naturales ya mencionadas.

Son numerosos los sabios, médicos y herbólogos que durante milenios han venido afirmando que en las plantas se encuentran remedios para todo tipo de enfermedades. En el breve recorrido que se está llevando a cabo por el universo de las plantas medicinales, sus orígenes, su historia y sus virtudes, pasamos revista a una pequeñísima parte del "poder verde" que contiene nuestro mundo, siendo éste una auténtica farmacia natural.

Así lo pregonaba el maestro Paracelso, genio inigualable, que vio en la naturaleza una madre generosa que nunca deja desamparados a sus hijos:

La medicina se funda en la naturaleza; la naturaleza es la medicina y solamente en aquélla deben buscarla los hombres.

La naturaleza es el maestro del médico, ya que ella es más antigua que él y ella existe dentro y fuera del hombre.

¿Alimentarse o nutrirse?

Diferenciamos los términos **alimentación** y **nutrición**, debido a que *nutrir* es aumentar la sustancia del cuerpo animal o vegetal por medio del *alimento*, reparando así las partes que se van perdiendo en virtud de así las acciones catabólicas, es decir, la degradación de las sustancias para obtener otras más simples.

La nutrición humana es la ciencia que estudia los nutrientes y otras sustancias alimenticias, la forma en que el cuerpo los asimila, cómo influyen en él, la manera en que se descomponen para liberarse en forma de energía y cómo son transportados y utilizados para reconstruir infinidad de tejidos especializados y mantener el estado general de salud del individuo.

Los nutrientes se clasifican en cinco grupos principales: **proteínas, hidratos de carbono, grasas, vitaminas** y **minerales**. Estos conjuntos comprenden un total aproximado de entre cuarenta y cinco y cincuenta sustancias que los científicos consideran, sobre todo por las investigaciones realizadas con animales, esenciales para mantener la salud y un crecimiento normal.

Aunque los **hidratos de carbono** son una fuente importante de energía, no se consideran esenciales, ya que para este fin se pueden transformar las proteínas.

La función primordial de la **proteína**, es producir tejido corporal y sintetizar enzimas, algunas hormonas (como la insulina, que regulan la comunicación entre órganos y células) y otras sustancias complejas que rigen los procesos corporales.

Los **minerales** inorgánicos son necesarios para la reconstrucción de la estructura de los tejidos corporales, además participan en procesos como la acción de los sistemas enzimáticos, la contracción muscular, las reacciones nerviosas y la coagulación de la sangre.

Las **vitaminas** se clasifican en dos grupos: las liposolubles, que están contenidas y se disuelven en las grasas, y las hidrosolubles, aquellas que se disuelven en los líquidos y son llevadas por estos. Entre las vitaminas liposolubles están las **vitaminas A, D, E y K**. Entre las hidrosolubles se incluyen la **vitamina C** y el **complejo vitamínico B**.

Las vitaminas liposolubles son compuestos orgánicos que actúan sobre todo en los sistemas enzimáticos para mejorar el proceso de degradación y descomposición de las proteínas, los hidratos de carbono y las grasas. Sin estas sustancias no podrían tener lugar la descomposición ni la asimilación de los alimentos. Algunas vitaminas participan en la formación de las células de la sangre, las hormonas, las sustancias químicas del sistema nervioso y los materiales genéticos.

La **vitamina A** es esencial para las células epiteliales, que son los tejidos que revisten superficies, cavidades y conductos del organismo; también favorece un crecimiento normal. La ausencia de esta vitamina produce cambios en la piel, ceguera nocturna o falta de adaptación a la oscuridad debido a los efectos de su carencia en la retina. Se puede obtener de los alimentos de origen animal como la leche, los huevos y el hígado. Casi toda la vitamina A se encuentra en las frutas y verduras verdes y amarillas.

La **vitamina D** actúa casi como una hormona, ya que regula el metabolismo y la absorción

de calcio y fósforo. Una parte de la vitamina D
está contenida en los huevos, el pescado, el hígado, la mantequilla, la margarina y la leche.
La mayor parte de la vitamina D necesaria se
recibe exponiendo la piel a la luz del Sol. Su in-
suficiencia produce raquitismo en los niños y re-
blandecimiento de los huesos en los adultos.

La **vitamina E** es un nutriente esencial, se
encuentra en los aceites de semillas y en el ger-
men de trigo. Funciona como antioxidante, pro-
tegiendo las células y evitando su deterioro.

La **vitamina K** es necesaria para la coagulación de la sangre. Se produce en cantidades
suficientes en el intestino gracias a una bacte-
ria, pero también la proporcionan los vegetales
de hojas verdes, como las espinacas y la col; la
yema de huevo y la gelatina también la contenía.

La **vitamina C** y el complejo **vitamínico B**
no se pueden almacenar, por lo que es necesario su consumo diario para suplir las necesidades del cuerpo. La vitamina C, o ácido ascórbico,
desempeña un papel importante en la síntesis
y conservación del tejido conectivo. Evita el escorbuto, que ataca las encías, la piel y las membranas mucosas. Su principal aportación está

en los cítricos: naranja, toronja, limón, lima, jitomate y otros.

Las vitaminas más importantes del complejo vitamínico B son la tiamina (B_1), riboflavina (B_2), nicotinamida (B_3), piridoxina (B_6), ácido pantoténico, lecitina, colina, inositol, ácido paraaminobenzoico (PABA), ácido fólico y cianocobalamina (B_{12}).

Estas vitaminas participan en una amplia gama de importantes funciones metabólicas y previenen afecciones tales como el beriberi y la pelagra. Podemos encontrarlas mayormente en la levadura y el hígado.

Los **hidratos de carbono** aportan gran cantidad de energía en la mayoría de las dietas humanas. Los alimentos ricos en hidratos de carbono suelen ser los más baratos y abundantes en comparación con los alimentos de alto contenido en proteínas o grasas. Se queman durante el metabolismo para producir energía, liberando dióxido de carbono y agua.

Hay dos tipos de hidratos de carbono: las féculas, que se encuentran principalmente en cereales, legumbres y tubérculos, y los azúcares, que están presentes en vegetales y frutas. La mayor parte de los nutrientes en los hidratos de carbono provienen de los cereales sin refinar, los tubérculos, las frutas y las verduras, que también aportan proteínas, vitaminas, minerales y grasas.

Una fuente menos benéfica son los alimentos hechos con azúcar refinada, tales como los productos de confitería.

Aunque más escasas que los hidratos de carbono, las **grasas** producen más del doble de energía que estos.

Las grasas se almacenan muy bien para ser utilizadas después en caso de que se reduzca la cantidad de hidratos de carbono.

Los animales necesitan almacenar grasa para abastecerse en las estaciones frías o secas, lo mismo sucede con los seres humanos en épocas de escasez de alimentos y cuando necesitan mantener el cuerpo con energía suficiente en los casos de actividad física intensa.

Sin embargo, en los países donde hay abundancia y la tecnología reemplaza la mano de obra humana, la acumulación de grasas en el cuerpo se ha convertido en un verdadero motivo de preocupación.

No todos los alimentos son ricos en nutrientes y es necesario conocer qué nutrientes contiene cada alimento y en qué cantidades diarias los requerimos; por ello, este inciso comienza con la pregunta: **¿alimentarse o nutrirse?**

Nutrir significa proporcionar al organismo la fuerza y la energía necesarias para mantenerlo sano; esto no lo pueden ofrecer los alimentos enlatados, congelados o procesados químicamente. Si establecemos un régimen alimenticio nutritivo, habrá menos probabilidades de enfermar y el aparato digestivo funcionará adecuadamente.

Prevención
de la salud

La mayoría de los alimentos mantienen sus nutrientes y sustancias medicinales mientras están crudos. A mayor tiempo de cocción, los alimentos irán perdiendo sus características curativas y nutricionales. Sólo en los casos en que el alimento cocinado tenga alguna utilidad preventiva o medicinal se especificará.

No son recomendados los jugos debido a que sus nutrimentos se pierden fácilmente al ser exprimidos y servidos; por el contacto con el oxígeno del medio ambiente se oxidan casi instantáneamente.

Acacia: Pertenece a la familia de las Mimosáceas *(Mimosaceae)*. Algunas de las especies ornamentales son *Acacia farnesiana, Acacia longifolia* y *Acacia dealbata*. Se utiliza para prevenir las ampollas en las quemaduras mezclando una pizca de goma de la acacia con clara de huevo, se coloca sobre la quemadura como cataplasma.

Ajo: Pertenece a la familia de las Liliáceas (*Liliaceae*), especie *Allium sativum*. El ajo silvestre británico es *Allium oleraceum*, y el ajo silvestre americano corresponde a la especie *Allium candense*. El puerro de viña de Europa y América es *Allium vineale*.

Estimula la circulación sanguínea y el fortalecimiento del sistema inmunológico; también previene la anemia, ya que ayuda a la formación de glóbulos rojos en la sangre, los cuales transportan el oxígeno al cerebro.

Ahuehuete: O ahuehué, pertenece a la familia de las Taxodiáceas (*Taxodiaceae*), se clasifica como *Taxodium mucronatum*. Favorece la circulación sanguínea.

Albahaca: Pertenece al género *Ocimum*, de la familia de las Labiadas (*Labiatae*). La albahaca común es de la especie *Ocimum basilicum*, y la albahaca fina corresponde a la *Ocimum minimum*. Las labiadas norteamericanas próximas a la albahaca son especies del género *Pycnanthemum*. Por sus propiedades tranquilizantes, es utilizada para evitar insomnio, gastritis y úlceras cuando se lleva una vida muy estresada.

Almendra: Pertenece a la familia *Rosaceae* y recibe el nombre científico de *Prunus amygdalus*. El almendro enano se denomina *Amygdalus nana*. La almendra contiene gran cantidad de un aceite fijo, materias gomosas, asparagina (aminoácido componente de las proteínas tan necesarias para el ser humano), y mucílago (azúcar); es nutritiva y de sabor agradable. Es una fuente rica en proteínas vegetales suficientes para cubrir las necesidades nutrimentales diarias y, además, proporciona energía.

Amaranto: O amaranta, pertenece a la familia de las Amarantáceas (*Amaranthaceae*), del orden Cariofilales. El nombre científico del bledo es *Amaranthus retroflexus,* y *Amaranthus graecizans* el de la planta rodadora.

El amaranto globoso es la especie *Gomphrena globosa*. Rico en energéticos, es usado por el ser humano para brindar al cuerpo vigor.

Arroz integral: Nombre común de un grupo de unas diecinueve especies de hierbas anuales de la familia de las Gramíneas.

El salvado del grano de arroz integral tiene proteínas y vitaminas E, K y del complejo B.

Por la calidad de fibra que contiene regula el sistema digestivo.

Avena: Forma el género *Avena,* de la familia de las Gramíneas (*Gramineae*). La avena propiamente dicha es *Avena sativa,* y la avena silvestre, *Avena fatua.*

En comparación con otros granos, la avena integral (con el cascabillo) es rica en proteínas (12%), grasas (5%), fibra (12 a 14%) e hidratos de carbono (64%). Favorece las funciones cardíacas y digestivas.

Berro: Pertenece a la familia de las Crucíferas (*Cruciferae*); es la especie *Nasturtium officinale.*

Obra como estimulante en los procesos biológicos, aumenta el apetito, favorece la estimulación linfática y evita trastornos celulares o modificaciones en la composición normal sanguínea. Contiene dosis altas de hierro que ayuda a la producción de glóbulos rojos en la sangre.

Betabel: O remolacha, es del género *Beta,* de la familia Quenopodiáceas. La común está clasificada como *Beta vulgaris.* La acelga, o acelga suiza, como *Beta vulgaris,* variedad *cicla;* la remolacha forrajera, como *Beta vulgaris,* variedad *macrohiza,* y la remolacha de mesa, como *Beta vulgaris,* variedad *crassa.* Su valor alimenticio se debe a que contiene un 10% de carbohidratos.

También contiene pequeñas cantidades de proteínas, grasa, fibra y ceniza; sus hojas son ricas en vitaminas A y B. Resulta muy útil como regulador del proceso digestivo. Crudo mantiene sus características y se utiliza para adelgazar, cocinado resulta más rico en calorías por lo que es energizante.

Chile Habanero: Aparte de proveer de vitamina C al organismo, contiene agentes anticancerígenos, por lo que su consumo regular dentro de la dieta disminuye las posibilidades de contraer casi cualquier tipo de cáncer.

Las personas que no estén acostumbradas al fuerte picante pueden desvenar y quitar las semillas de este fruto y dejarlo reposar en un poco de jugo de limón por unos diez minutos, con lo cual sólo se sentirá su sabor y no será tan irritante.

Jalea real: Pasta alimenticia de color amarillento, está formada en sus dos terceras partes por agua, en la que están disueltos aminoácidos, vitaminas, hidratos de carbono, proteínas y ácidos grasos libres. Se usa en el fortalecimiento del organismo y previene recaídas de éste, evitando estados patológicos como infecciones en las vías respiratorias.

Linaza: Pertenece a la familia de las Lináceas (*Linaceae*). La especie más empleada en las industrias textiles y de medicina natural es *Linum usitatissimum*.

Este grano funciona como regulador del sistema digestivo, favoreciendo la correcta digestión y eliminación de grasas en el organismo, por lo cual auxilia a mantener una buena circulación, disminuyendo notablemente las probabilidades de sufrir enfermedades cardiovasculares. Dos cucharadas de la semilla entera en medio vaso de agua tomada regularmente evita problemas tales como el estreñimiento, colitis y hemorroides. Además funciona como agente limpiador de toxinas.

Maíz: Las tortillas hechas de maíz, al ser quemadas y hechas polvo, ayudan a proteger la dentadura del sarro, que está formado por la placa bacteriana mineralizada, los productos del metabolismo bacteriano, el moco de la saliva y los residuos de los alimentos.

Cepillar los dientes con este polvo con cierta frecuencia, en conjunción con la pasta dental de uso común, mantiene los dientes más sanos y limpios.

Manzana: Pertenece al género *Malus*, de la familia *Rosaceae*. Si se consume el fruto crudo, con cáscara, apoya a la salud de la dentadura protegiéndola de las caries; además, cubre requerimientos de fibra en los procesos digestivos expulsando los excesos de grasa.

Papaya: Pertenece a la familia de las Caricáceas (*Caricaceae*). Su nombre científico es *Carica papaya*. Contiene papaína, una enzima que optimiza el proceso digestivo.

Algunas comunidades indígenas del país aprovechan la ingesta de semillas de este fruto para la prevención del embarazo.

Plátano: Pertenece al género *Musa*, de la familia de las Musáceas (*Musaceae*).

El plátano macho es de la especie *Musa paradisiaca*. El cáñamo de Manila se extrae de *Musa textilis*.

La parte comestible del plátano contiene por término medio un 75% de agua, un 21% de hidratos de carbono y un 1% de grasas, proteínas, fibra y cenizas.

El consumo de este fruto previene al cuerpo de espasmos musculares, mejor conocidos como calambres.

Romero: Pertenece a la familia de las Labiadas (*Labiatae*); se trata de la especie *Rosmarinus officinalis*.

El romerillo es *Hellianthemum lavandulifolium,* de la familia de las Cistáceas (*Cistaceae*). Durante los períodos de sangrado menstrual las mujeres pueden tomar una infusión de esta planta para prevenir los característicos espasmos o cólicos.

Plantas correctivas

A continuación se presenta una lista de las plantas medicinales y sus usos correctivos. Se debe subrayar, nuevamente, que es preferente combinar estos tratamientos con los ya recetados por su médico de confianza si éste los autoriza.

Abedul: Constituye el género *Betula* perteneciente a la familia de las Betuláceas (*Betulaceae*). El abedul común es la especie *Betula pendula* (=*B. verrucosa*) y el abedul pubescente, *Betula pubescens*; de esta última son las subespecies *celtiberica* y *carpatica*, presentes en la península Ibérica. Las hojas contienen sustancias que se emplean como germicidas, diuréticos y depurativos (que limpian en general, pero más específicamente la sangre). Las yemas contienen un aceite volátil (*gemmae betulae*) que tiene propiedades coleréticas y diuréticas. La corteza cuenta con una resina llamada betulina, utilizada para curar afecciones de las vías urinarias.

Se utiliza en el tratamiento de los cálculos en la vejiga, para aliviar el ardor al orinar y desinflamar la vejiga y la uretra. Además se indica el uso de las hojas y yemas en la retención de líquidos, el artritismo, la eliminación de los excesos de ácido úrico, las inflamaciones articulares y las enfermedades de la piel producidas por la presencia de impurezas en la sangre. Se prepara una bebida cociendo 100 gramos de hojas y/o corteza por cada litro de agua. Debe ingerirse una taza de esta bebida tres veces al día durante el período en que se está bajo el tratamiento médico alópata.

Acacia: Pertenece a la familia de las Mimosáceas *(Mimosaceae)*. Algunas de las especies ornamentales son *Acacia farnesiana, Acacia longifolia* y *Acacia dealbata*. Este árbol se encuentra en todo México, tiene flores amarillas en forma de bolas del tamaño de chícharos grandes. Con ellas se prepara un ungüento que se emplea para el dolor de cabeza. Tomadas en infusión son un gran remedio para la mala digestión, las diarreas dolorosas acompañadas de sangre (disentería) y las inflamaciones en la piel. Con las raíces se prepara un cocimiento muy efectivo contra la tuberculosis. Las hojas secas pulverizadas se aplican en las heridas abiertas para sanarlas.

Acanto: Pertenece a la familia de las Acantáceas (*Acantaceae*). Los dos acantos originarios del sur de Europa están clasificados como *Acanthus spinosus* y *Acanthus mollis.* Se prepara un té y sirve para curar las almorranas, las molestias al orinar y la mala digestión. Las hojas de esta planta sirven para aliviar las picaduras de araña poniéndolas directamente sobre la zona afectada.

Achicoria: Pertenece a la familia de las Compuestas (*Compositae*) o Asteráceas (*Asteraceae*), especie *Cichorium intybus;* la endivia es *Cichorium endiva.* Los principios activos con que esta planta cuenta son: glucósidos, inulinas y lípidos, que permiten su uso como energizante. Abre el apetito, desintoxica la sangre, trata problemas de digestión, cólicos, alivia el estreñimiento y purifica los riñones.

Aguacate: Pertenece a la familia de las Lauráceas (*Lauraceae*). El nombre científico es *Persea americana,* variedad *drymifolia* de raza mexicana; variedad *americana* de raza antillana, y variedad *guatemalensis* de raza guatemalteca. Hasta hace poco tiempo, el uso medicinal del aguacate era limitado pues se suponía de difícil digestión, pero los análisis realizados muestran que resulta altamente nutritivo por la cantidad

de vitaminas que contiene. Puede recomendar-
se como alimento para diabéticos porque care-
ce de azúcares y almidones. Además, sirve como
hidratante de la piel; si se sufre de resequedad
cutánea se puede aplicar la pulpa como mascarilla. La cáscara y la película que envuelve
la semilla son utilizadas para erradicar dolores
de cabeza, lombrices y parásitos intestinales (el
tratamiento en este último caso debe seguirse
por veintiún días, como casi todos los tratamientos naturales), tomando dosis de ocho a diez gramos al día. La semilla es astringente. El aceite
que se extrae de ésta sirve para aliviar la tiña
(enfermedad producida por hongos que ataca la
piel y crea pequeñas heridas rojas abiertas en
zonas húmedas del cuerpo como axilas, dedos,
ingles, uñas y cuero cabelludo). El polvo que se
produce a partir del hueso del aguacate, después
de asado e ingiriendo un gramo en ayunas, favorece la curación de la disentería.

Ajenjo: Pertenece a la familia de las Compuestas (*Compositae*); es la especie *Artemisia
absinthium*. Se prepara como té y se toma para
curar la inapetencia, para erradicar del cuerpo
las lombrices y la disentería. También funciona
para eliminar el mal aliento provocado por las
comidas y los malos hábitos como tomar alcohol y fumar.

Ajo: Pertenece a la familia de las Liliáceas (*Liliaceae*), especie *Allium sativum*. El ajo silvestre británico es *Allium oleraceum*, y el ajo silvestre americano corresponde a la especie *Allium candense*. El puerro de viña de Europa y América es *Allium vineale* y el falso ajo norteamericano es *Nothoscordum bivalve*. Es una de las plantas con más usos medicinales conocidos, aparte de ser uno de los condimentos favoritos en casi todas las culturas.

Es un magnífico antiséptico intestinal. Impide las fermentaciones pútridas en el intestino y las autointoxicaciones. Es eficaz combatiendo la tifoidea. En general, es excelente antibiótico natural, ayuda en el tratamiento de infecciones de las vías respiratorias, de la garganta, intestinales y de la piel. En el caso de su uso contra enfermedades como la gripe y la bronquitis, funciona como expectorante, y sana las heridas en la mucosa de la garganta producidas por la tos. Para este fin, se utiliza el ajo crudo machacado con jugo de limón y miel; la dosis recomendada para comenzar son tres dientes de ajo al día, repartidos en el desayuno, la comida y la cena, de manera que no tenga contacto directo con las mucosas gástricas y cause alguna irritación. Cuando existen heridas infectadas en la piel, se machaca el ajo y se aplica directamente sobre las zonas afectadas para desinfectar y cauterizar. Además sirve para aliviar los piquetes de insectos en general. Por sus altos valores nutrimentales, es muy útil para curar la anemia.

Para eliminar la bilis se toma jugo de ajo mezclado con jugo de limón. Tomándolo en tintura, combate la artritis, el ácido úrico y la neuralgia. También alivia a las personas que padecen de diabetes. En la lucha contra las infecciones internas del organismo, se deben tomar al día tres dientes de ajo crudos. Se recomienda hacerlos puré, mezclarlos con jugo de limón (de esta manera se evita la irritación del estómago, las indigestiones y el mal aliento) e ingerirlos por períodos de veintiún días.

Hay que tener especial cuidado en no tomar dosis altas con demasiada frecuencia, pues empieza a resultar menos poderoso para defender el organismo; es por eso que se aconseja el tratamiento de veintiún días, después de eso se puede continuar su ingesta regularmente en menores cantidades.

Albahaca: Pertenece al género *Ocimum,* de la familia de las Labiadas (*Labiatae*). La albahaca común es de la especie *Ocimum basilicum,* y la albahaca fina corresponde a la *Ocimum minimum.* Las labiadas norteamericanas próximas a la albahaca son especies del género *Pycnanthemum.*

Las personas que llevan una vida cotidiana acelerada en la que predomina el estrés, sufren normalmente de enfermedades nerviosas como insomnio, colitis, gastritis (que pueden desencadenar úlceras gástricas) y algunos otros padecimientos. Un remedio económico y fácil de conseguir es la albahaca. Esta planta tiene propiedades tranquilizantes. El tomar una infusión hecha a partir de una cucharada sopera de hojas de albahaca (pueden ser secas o frescas) por cada taza de agua ayuda a relajar los músculos, a conciliar con mayor facilidad el sueño, a calmar los cólicos menstruales y los síntomas de SPM (Síndrome Pre Menstrual); por lo tanto, la ingesta frecuente de esta planta, ya sea en la comida o en las infusiones, mantiene a los organismos propensos a problemas nerviosos con menos posibilidades de sufrir los síntomas del estrés, puesto que los neutraliza.

Además, es maravillosa para combatir el mal aliento.

Alcachofa: Pertenece a la familia de las Compuestas (*Compositae*), especie *Cynara scolymus*. Actúa notablemente sobre las funciones hepáticas, descongestionando el hígado y depurándolo, logra desinflamar las vías biliares y la vesícula biliar (por esto se recomienda como base de la alimentación en caso de ictericia), desinflama las vías urinarias. Para su uso medicinal, aparte de incluirla en las dietas de los enfermos, se emplea la maceración de las hojas en dosis de 9 grs en 150 ml de agua, se deja reposar al menos doce horas y se filtra antes de su uso. Esta dosis se divide en tres porciones para tomarla tres veces al día. Se usa como diurético.

Almendra: Pertenece a la familia *Rosaceae* y recibe el nombre científico de *Prunus amygdalus*. El almendro enano se denomina *Amygdalus nana*. Tienen propiedades ligeramente laxantes, las almendras amargas son antiespasmódicas. Molida, su harina se emplea como emoliente para la piel y sus aceites esenciales son utilizados para hidratar la piel cuando se presentan problemas de resequedad cutánea. Con las almendras dulces se prepara la horchata o leche de almendras, refrescante y suave laxante recomendado para infantes y personas que sufren de transtornos intestinales que les producen ligeros estreñimientos.

Amapola: Pertenece a la familia de las Papaveráceas. Las más comunes son *Papaver rhoeas* y *Papaver dubium,* de flor roja. La adormidera es la especie *Papaver somniferum.* La amapola violeta es la especie *Roemeria hybrida,* la amapola de california es *Eschscholzia californica* y la amapola o adormidera marina es *Glaucium flavum*.

Las amapolas, al igual que otras especies de la familia, contienen alcaloides como la readina y la papaverina que tienen efectos alucinógenos; por lo tanto, su uso no medicinal y continuo puede causar envenenamiento. Su uso medicinal consiste en preparar una infusión de 4 grs de pétalos de la flor en 200 ml de agua hirviendo, se deja reposar durante el menos veinte minutos y se toma cada hora una o dos cucharadas.

Es recomendable para aliviar la falta de sueño, excitaciones y crisis nerviosas, tos rebelde, asma y fiebres altas. Su uso debe ser autorizado y vigilado por un profesional de confianza.

Anís estrella: Pertenece a la familia de las Umbelíferas (*Umbelliferae*). El nombre científico es *Pimpinella anisum*.

El anís estrellado se llama en botánica *Illicium vernum* y pertenece a la familia *Magnoliaceae*. Su principal componente activo es la esencia de anís compuesta por acetol. Tiene propiedades expectorantes, funciona para aliviar malestares estomacales y cólicos. La infusión de 50 grs de la "estrella" de anís en 200 ml de agua puede ser utilizada tanto en adultos como en infantes.

Es una de las plantas más utilizadas para aliviar malestares de los bebés.

Apio: Pertenece a la familia de las Umbelíferas (*Umbelliferae*), también denominada Apiáceas (*Apiaceae*). Es la especie *Apium graveolens*. Las semillas se usan en farmacia como sedante y para disimular el gusto de otros fármacos. Por las cantidades contenidas de fibras en los tallos, funciona para regular el sistema digestivo y eliminar las grasas excedentes en el cuerpo, asimismo es un diurético que puede consumirse regularmente para mantenerse sano. También funciona para reducir los malestares provocados por la menopausia.

Árnica: Pertenece a la familia de las Compuestas (*Compositae*) o Asteráceas (*Asteraceae*). Su nombre científico es *Arnica montana*. Es nativa de los prados de montaña europeos y tiene otros nombres, como tabaco de montaña, tabaco borde y estornudadera. Del tallo brotan capítulos de flores de color amarillo dorado. Éstas y los rizomas subterráneos pueden macerarse en agua o alcohol para obtener una tintura que a veces se aplica externamente para tratar luxaciones, golpes externos e internos. El extracto contiene arnicina, un alcaloide extremadamente tóxico.

Antes, las hojas se secaban y fumaban como sucedáneo del tabaco. Igualmente, sirve para aliviar la bronquitis, la neumonía, la vista cansada y para curar llagas. Su acción es muy similar a la de la estricnina, por lo cual debe utilizarse con precaución.

Se asegura que la tintura de árnica, preparada con 10 grs de flores en 50 ml de alcohol de 60 grados, macerada por un espacio de veinte días y filtrada, ayuda a la circulación arterial de la retina, mejorando la facultad visual en casos de debilitamiento cerebral. La cocción de las flores, en la medida de un gramo de éstas en 100 ml de agua, tomándose una cucharada cada dos horas, combate eficazmente la bronquitis y se recomienda su uso en casos de paludismo y fiebres causadas por infecciones. La infusión de árnica se prepara de la siguiente manera: 2 grs de flores y 2 grs de hojas en 250 ml de agua hirviente. Se toma cuatro veces al día para las afecciones pulmonares y en las debilidades nerviosas y musculares.

Azucena mexicana: Pertenece a la familia de las Liliáceas (*Liliaceae*). La azucena amarilla se clasifica como *Hemerocallis lilio-asphodelus*, y la azucena tabacal corresponde a la especie *Hemerocallis fulva.* Si se toma, fresco o seco, un gramo del bulbo de la azucena antes de las comidas, se obtiene un expectorante muy eficaz, sólo debe tenerse cuidado de no exceder esta dosis. Igualmente, si se hace una infusión preparada con 6 grs de flores en 10 ml de agua, puede ser utilizada como expectorante en pacientes infantes cada dos horas, máximo por dos días.

Berro: Pertenece a la familia de las Crucíferas (*Cruciferae*); es la especie *Nasturtium officinale*. Por su esencia sulfurada se utiliza con éxito como auxiliar en las inflamaciones de la boca, la laringe, el estómago y la faringe. Para combatir el escorbuto (enfermedad producida por el déficit en los niveles de vitamina C) se realiza una maceración de tallos y hojas usando 20 grs de éstos y 100 ml de agua, se toma en ayunas diariamente durante el tratamiento que su médico de confianza señale. Este remedio debe ser complementado con otros alimentos ricos en vitamina C como los cítricos: fresas frescas, pomelo (toronja), piña y guayaba. Buenas fuentes vegetales son el brécol, las coles de Bruselas, los tomates, las espinacas, los pimientos y chiles verdes, el repollo y los nabos.

Betabel: Las remolachas o betabeles forman el género *Beta,* de la familia Quenopodiáceas. La común está clasificada como *Beta vulgaris.* La acelga, o acelga suiza, como *Beta vulgaris,* variedad *cicla;* la remolacha forrajera, como *Beta vulgaris*, variedad *macrohiza,* y la remolacha de mesa, como *Beta vulgaris,* variedad *crassa.* La remolacha o betabel de mesa, que se cultiva de forma extensa, posee una raíz globular o napiforme. Su valor alimenticio se debe a que contiene un 10% de carbohidrato. También contiene pequeñas cantidades de proteínas, grasa, fibra y ceniza; sus hojas son ricas en vitaminas A y B. Es un gran remedio complementario para las enfermedades del riñón y de los pulmones si se le consume dentro de la dieta base.

Borraja: Representativa de la familia de las Borragináceas o Boragináceas *(Boraginaceae).* La especie culinaria es *Borago officinalis.* Se utilizan las flores y las hojas de esta planta para los remedios curativos. Su cocimiento se considera excelente para la producción de orina y sudorífico, con lo cual funciona como depurante de toxinas. Es muy usado en las fiebres eruptivas como la escarlatina, el sarampión, la rubéola y la varicela, pues evita las complicaciones peligrosas de tales enfermedades. El cocimiento se prepara con las partes de la planta ya mencionadas, frescas o secas, en proporción de 10 grs en 200 ml de agua. Se toma cuatro veces al día por el mismo período de tiempo que el tratamiento que su médico de confianza señale.

Buganvilla: El bejuco sudamericano pertenece al género *Bougainvillea*, de la familia de las Nictagináceas (*Nyctaginaceae*). El grupo tiene trece especies, varias de ellas muy cultivadas en jardinería en regiones cálidas y como plantas de interior en zonas más frías. Las flores son pequeñas, inconspicuas y, en general, están rodeadas por tres brácteas grandes (hojas modificadas), que son vistosas, de color púrpura, rojo, anaranjado o blanco. Las especies más grandes crecen hasta unos 5 m de altura. Las que consideramos flores de esta planta, las brácteas, son las que se utilizan en la medicina natural. Se prepara una infusión de 200 grs de brácteas en 1 lt de agua. Se toma medio vaso de esta infusión cada hora o cada dos horas para aliviar los malestares representativos de la pulmonía, neumonía, gripe y carrasperas de la garganta en general.

Cabeza de viejo: Pertenece a la familia de las Cactáceas (*Cactaceae*). Las especies provistas de hojas bien formadas se clasifican en los géneros *Pereskia* y *Pereskiopsis*. Los saguaro y los cactus con floración nocturna forman parte del género *Cereus*. El cactus de Navidad es *Schlumbergera bridgesii*. Las especies de chumbera o nopal son *Opuntia ficus-indica* y *O. vulgaris*. Es una cactécea mexicana, que se encuentra en las zonas áridas, secas, frías y montañosas. Tiene una forma semiesférica y presenta ranuras llenas de espinas y filamentos blancos, de ahí su nombre. La pulpa de esta planta, macerada por espacio de doce horas, usando 10 grs de ésta en 100 ml de agua, se toma en ayunas durante tres días en los casos de debilidad cardiaca causada por exceso de fatiga o por ingestas descontroladas de bebidas alcohólicas, produciendo entonces una acción diurética sobre el organismo. Si se toma por más tiempo constituye un remedio para la arterioesclerosis.

Cactus: Pertenecen a la familia de las Cactáceas (*Cactaceae*). Las especies provistas de hojas bien formadas se clasifican en los géneros *Pereskia* y *Pereskiopsis*. Los saguaro y los cactus con floración nocturna forman parte del género *Cereus*. El cactus de Navidad es *Schlumbergera bridgesii*. Las especies de chumbera o nopal son *Opuntia ficus-indica* y *O. vulgaris*. Obran como tónicos cardiacos, aumentando tanto la energía de las pulsaciones como la presión arterial, y tienen la ventaja de que sus sustancias no se acumulan en el organismo y, por lo tanto, no provoca fenómenos tóxicos. Puede emplearse en los casos de angina de pecho, insuficiencias cardiacas y trastornos funcionales cardiacos producidos abusar del café y del tabaco. Su uso constante hace desparecer las palpitaciones, las arritmias, el cansancio y la depresión mental. Asimismo, funciona como diurético. Cabe mencionar que su uso para estos fines debe ser constante como parte de la dieta diaria del paciente. Puede usarse el cocimiento con 10 grs de cactus cortado en pequeños trozos (previamente desprovisto de las espinas) en 100 ml de agua, para tomarse en ayunas. O bien, la tintura, preparada con 20 grs del tallo en 50 ml de alcohol, dejándose macerar veinticuatro horas y filtrándose antes de su toma, tres veces al día antes de cada alimento.

Canela: Pertenece a la familia de las Lauráceas (*Lauraceae*). La especie más común es *Cinnamomum zeylanicum*. La canela es de color pardo amarillento y tiene un aroma fragante característico y un sabor dulce y algo picante. Se usa como especia culinaria desde tiempos muy antiguos, y también sirve para preparar ciertos medicamentos.

El aroma se debe a la acción de una esencia volátil que puede extraerse de la corteza por destilación; el color de esta esencia oscila entre amarillo y rojo cereza; la variante amarilla se usa para aromatizar jabones y dulces. Se utiliza como remedio medicinal, pues es antiespasmódica y estimulante de las funciones circulatoria y digestiva. Funciona como tónico en casos de anemia y como sudorífico cuando se presentan las molestias de la gripe para eliminar más fácilmente el virus y mantener el cuerpo caliente. Se toma la infusión de 10 grs de corteza por taza de agua. Puede mezclarse con la manzanilla, la hierbabuena, la buganvilla, el gordolobo y otras plantas medicinales. Se recomienda tomarse durante las noches y taparse inmediatamente después para su mejor rendimiento.

Capulín: Pertenece a la familia de las Rosáceas *(Rosaceae)*, y se clasifica como *Prunus capuli*. El nombre científico del ciruelo es *Prunus domestica*. Se utiliza como tónico y, por sus propiedades astringentes, debe medirse su uso. Disminuye los dolores ne las neuralgias, cólicos y, en general, fenómenos inflamatorios. La infusión se prepara con 50 grs de hojas frescas del árbol en 1 lt de agua y se tomará una cucharada cada dos horas. La semilla no debe ser ingerida, pues puede resultar muy tóxica.

Cebolla: Pertenece al género *Allium,* de la familia de las Liliáceas *(Liliaceae)*. Es la especie *Allium cepa;* la cebolleta es *Allium fistulosum;* el chalote, *Allium ascalonicum;* el cebollino, *Allium schoenoprasum,* y el puerro silvestre, *Allium ampeloprasum.* En medicina, es diurética, y muy rica en vitamina C. Evita la caída del cabello y la infección de heridas pequeñas. También evita el estreñimiento, los cólicos nefríticos y alivia los síntomas de reumatismo. La piel que acompaña a cada capa de la cebolla sirve para evitar ámpulas en casos de quemaduras aplicándose directamente sobre el área afectada. Puede utilizarse para complementar tratamientos para la gripe, la pulmonía y la bronquitis, pues cauteriza las heridas producidas en la mucosa de la laringe.

Además, la cebolla morada es un excelente medio para bajar la temperatura corporal en casos de fiebre. Debe tomarse siempre cruda para medios de sanación. Puede combinarse con jugos de naranja, limón y toronja para los tratamientos de infecciones en las vías respiratorias.

Cereza: Pertenece a la familia de las Rosáceas (*Rosaceae*).

El cerezo propiamente dicho, de fruto dulce, es *Prunus avium;* el guindo, de fruto agrio, es la especie *Prunus cerasus*. Los rabos del fruto, preparados en cocimiento, estimulan la producción y flujo de la orina por sus cualidades diuréticas. Así que este remedio puede utilizarse en todos aquellos casos patológicos que muestren retención de líquidos o en los que se necesite liberar toxinas por medio de la orina.

Ciprés: Forma parte de la familia de las Cupresáceas (*Cupressaceae*). El ciprés común es *Cupressus sempervirens;* el ciprés de Arizona, *Cupressus arizonica;* el ciprés de Monterrey es la especie *Cupressus macrocarpa;* el llamado cedro de Portugal se clasifica como *Cupressus lusitanica;* el cedro de Oregón o ciprés de Lawson es *Chamaecyparis lawsoniana;* el ciprés de los pantanos corresponde a *Taxodium distichum,* de la familia de las Taxodiáceas (*Taxodiaceae*). Es eficaz en las detenciones de hemorragias, pues contrae los vasos sanguíneos. Se emplea la decocción del fruto en casos de hemorroides y várices. Utilizado en baños para la piel funciona como antitranspirante. También es utilizado para evitar la caída del cabello y estimular su crecimiento. Como los frutos y la corteza contienen una sustancia llamada tanino, se utilizan pulverizados 2 grs tomados tres veces al día como astringente en casos de disentería y diarreas. Con la cocción de 5 grs de las hojas (que gracias a su aceite esencial son antisépticas) en 100 ml de agua se combaten los gérmenes infecciosos del tubo digestivo. Asimismo, esta cocción funciona en el tratamiento de heridas infectadas. El polvo también funcio-

na como tónico en las anemias y en las cloro-
sis. En niños pequeños, la dosis debe ser redu-
cida a la mitad.

Copalchi: Del género *Strychnos*, pertenece a
la familia de las Loganiáceas (*Loganiaceae*). El
curare se obtiene de la especie *Strychnos toxi-
fera;* las habas de san Ignacio son las semillas
de la especie *Strychnos ignatii;* el árbol de la
nuez vómica es *Strychnos nux-vomica;* el col-
pachi, *Strychnos pseudo-quina;* la mataperros,
Strychnos tepicensis, el pataste, *S. panamensis*;
el veneno del diablo, *S. tabascana* o *S. tripliner-
via*, y el naranjo de Natal, *Strychnos spinosa*.
Arbusto centroamericano silvestre de las Eufor-
biáceas, de seis metros de altura, hojas aromáticas aovadas o triangulares, verdes en la parte
superior y blancas en la parte inferior, flores pequeñas y blancas en racimos, y fruto verde, re-
dondo, en forma de cápsula. La decocción de la
corteza se usa en la medicina tradicional para
curar el tifus y el paludismo. También es utilizado como tónico. Se pueden emplear las hojas y
la corteza, pero la sustancia medicinal está en
mayor medida en las flores. Se toma un gramo
de polvo, tres veces al día, antes de las comidas.
O se prepara una infusión con 10 grs de la corteza en 150 ml de agua, su sabor es muy amargo pero muy útil. Así, tomada, cura la gastroen-

teritis y la dispepsia flatulenta. Es mucho más interesante su uso en las enfermedades de los riñones, pues actúa como diurético, curando la albuminuria (existencia de albúminas en la orina) y las hinchazones propias del padecimiento.

Culantrillo: Forma el género *Adiantum,* de la familia de las Polipodiáceas (*Polypodiaceae*). El nombre científico del culantrillo de pozo es *Adiantum capillusveneris;* el del culantrillo de México, *Adiantum terrerum,* y el del culantrillo de Canadá, *Adiantum pedatum.* El culantrillo de pozo crece en piedras húmedas y muros viejos, sobre todo cerca del mar; sus frondes se consideran enemagogas y pectorales y forman parte de la composición del jarabe de culantrillo y del elixir de garux. Una infusión de sus hojas en proporción de 4 grs en 100 ml de agua, tomada antes de cada comida por seis días, incrementa las secreciones, en particular las bronquiales y las laríngeas. De ahí, la importancia de su uso medicinal en los casos de bronquitis y congestiones. También es utilizada como diurético, por lo que se emplea en los casos de inflamación, infección y todo tipo de padecimiento renal. Actúa como vasodilatador, bajando la presión arterial, por lo que se usa cuando se sufre de hipertensión. Para esta situación se prepara una infusión de 15 grs de las hojas frescas de la planta en 100 ml de agua. Alivia la arterioesclerosis, logra aminorar los dolores de cabeza, el vértigo y, también, facilita la respiración.

Diente de León: Pertenece a la familia de las Asteráceas o Compuestas (*Asteraceae* o *Compositae*), especie *Taraxacum officinale;* la especie de semilla roja es *Taraxacum erythrospermum*, y la especie rusa, productora de látex, *Taraxacum kok-saghyz*. Las raíces, el tallo y las hojas contienen clorofila (una resina neutra de sabor ligeramente amargo) almidón, un glucósido llamado taraxina (de color amarillento), sales minerales, acetato de sodio y, en pequeñas cantidades, silicatos y aluminio potásico. El cocimiento de las raíces, hojas y tallos en proporción de 3 grs por 150 ml de agua, tomado en ayunas durante un cierto período ejerce una excitación general de las secreciones, generando de esta manera un incremento en los fluidos urinarios y de sudor. Por esta razón, se emplea como diurético y depurativo, pues elimina toxinas estancadas en el organismo en los estados anémicos, pretuberculosos, sifilíticos, etc. Además, como contiene sales de hierro, obra directamente sobre la función formadora de glóbulos rojos (aquellos que transportan el oxígeno absorbido en los pulmones hacia el cerebro) en el hígado y bazo, mejorando de esta manera todas las funciones corporales en general. Actúa como estimulante en casos de convalecencia de fiebres eruptivas infecciosas.

Encino: Pertenece a la familia de las Fagáceas (*Fagaceae*); su nombre científico es *Quercus ilex*. La subespecie de hoja alargada se clasifica como *Quercus ilex ilex* y la de hoja redondeada es *Quercus ilex rotundifolia*. El encino miel se clasifica como *Quercus rugosa* y el encino prieto, como *Quercus glaucoscens*. Debido a la cantidad de tanino que contiene, es una gran astringente y antiséptico, los frutos poseen féculas grasas y azúcares. La decocción de la corteza es un remedio antidiarreico. Como vulnerario resulta excelente para combatir hemorragias nasales, almorranas y heridas, enfermedades de la boca (estomatitis), amigadalitis o anginas catarrales; pues por su acción astringente disminuye la congestión de las mucosas. También es usado en casos de gingivitis porque desaparece el sangrado de las encías. Su acción benéfica se lleva a cabo en hematémesis o vómitos hemorrágicos causados por la úlcera del estómago o del duodeno y en las hemorragias intestinales que sobrevienen en el último periodo de la fiebre tifoidea. En los sangrados que produce la tuberculosis pulmonar también es de gran ayuda, así como en las congestiones renales y en la nefritis. Es, asimismo, útil en los casos de envenenamiento por alcaloides peligrosos como la morfina, la atropina, la estricnina y otros, pues produce su precipitación, siempre que se tome inmediatamente después de la ingesta del veneno. La corteza puede usarse en estado fresco o seco, pues su principio activo no se altera. El cocimiento se prepara con 5 grs de la corteza en 100 ml de agua.

Enebro: Pertenece al género *Juniperus,* de la familia de las Cupresáceas (*Cupressaceae*). El oxicedro o cedro espinoso es *Juniperus oxycedrus;* la sabina negral, *Juniperus phoenicea;* la sabina albar se clasifica como *Juniperus thurifera;* la sabina rastrera, como *Juniperus sabina*, y el enebro común, *Juniperus communis.* Tiene propiedades antisépticas, por lo que su uso en heridas funciona excelentemente para evitar infecciones. También se emplean las frutillas como píldoras en casos de hidropesía (también llamada edema, nombre que se le da a la acumulación de líquidos en los tejidos), cálculos renales, inapetencia, anemia, reumas, sífilis y leucorrea.

Epazote: Planta herbácea anual, de la familia de las Quenopodiáceas, cuyo tallo, asurcado y muy ramoso, se levanta hasta un metro de altura. Tiene hojas lanceoladas, algo dentadas y

de color verde oscuro, flores aglomeradas en racimos laxos y sencillos, y semillas nítidas y de
margen obtusa. Se toman en infusión las hojas
y las flores. Contiene una resina ácida, clorofila,
materia péptica, un aceite de olor y sabor fuerte
y desagradable y minerales de acetato de calcio,
nitrato y sulfato de potasio y cloruro. El aceite
esencial es el elemento activo de la planta, que
acrecienta las segregaciones de las glándulas intestinales, aumenta la bilis y descongestiona los
órganos pélvicos, en particular los ovarios. Favorece la expulsión de los parásitos intestinales,
porque les resulta de gran toxicidad. Se emplea
el cocimiento de las hojas y los tallos, usando 2
grs en 200 ml de agua para ayudar al correc-
to proceso menstrual. Por su acción irritante no
debe utilizarse durante periodos de tiempo muy
largos, porque puede provocar cólicos y diarrea,
y mucho menos si existe alguna enfermedad del
hígado, pues puede resultar muy peligrosa. Defi-
nitivamente, no debe usarse en caso de nefritis,
ni durante el embarazo (puede provocar abor-
to), o la lactancia.

Erythrina americana: Pertenece a la familia de las Papilionáceas *(Papilionaceae);* se clasifica como *Erythina cristagalli.* Tiene flores de
un rojo vivo muy llamativo, que con frecuencia
se cocinan o se preparan en ensalada. Las pro-

piedades venenosas de las semillas son bien conocidas en nuestro país y sirven para eliminar
animales nocivos, pero también se utilizan como
agente hipnótico. El extracto se emplea como
sustituto del curare (sustancia venenosa que actúa en el cuerpo, cuando penetra a través de la
piel, causando parálisis muscular y, en ciertos
casos, la muerte); por lo tanto, su uso debe ser
estrictamente vigilado y aceptado por un especialista de confianza. De la corteza se extrae una
sustancia que tiene poderes efectivos sobre el
sistema nervioso, en México, las raíces se usan
por sus propiedades sudoríficas. El cocimiento
de las flores se emplea en tratamientos de afecciones del pecho. El jugo de los tallos se aplica
en la zona afectada por la picadura de alacrán
para aliviar y contrarrestar los síntomas.

Estragón: Pertenece a la familia de las
Compuestas (*Compositae*). Es la especie *Artemisia dracunculus*. La caléndula de olor usada
como sucedáneo es *Tagetes lucida*. También llamado dragoncillo, nombre común de una hierba
vivaz amarga y aromática de la familia de las
Compuestas, nativa de Siberia y de la región
que rodea al mar Caspio. Alcanza poco más de
60 cm de altura y en Europa occidental se cultiva como hierba de cocina.

Los pequeños capítulos florales verdosos se agrupan en panículas en la parte superior del tallo, y son rodeados por brácteas a modo de cáliz. Las partes verdes de la planta se usan para aliñar ensaladas y aromatizar encurtidos, vinagres y mostazas. El aroma de esta planta se debe a los aceites esenciales que contiene.

En ocasiones, se usa como sucedáneo del estragón una especie de tagete o caléndula de olor. El aceite esencial contiene cimeno, metilearvicol, felandreno, herniarina y una hidroxicumarina. Estimula el apetito y regula las funciones digestivas en las afecciones de dicho sistema. Son las hojas y las flores las que tienen propiedades curativas y deben utilizarse en las comidas para tratar los problemas citados.

Eucalipto: Pertenece a la familia de las Mirtáceas (*Myrtaceae*). El árbol gigantesco descubierto cerca de Melbourne es de la especie *Eucalyptus regnans;* el eucalipto común o azul, *Eucalyptus globulus;* la otra especie de eucalipto, llamada también árbol de goma es *Eucalyptus gunnii.* El árbol de menta negro es *Eucalyptus amygdalina*, y la menta de Sydney, *Eucalyptus piperata.* Las hojas adultas contienen en su aceite esencial hasta un 80% de eucaliptol, también contienen taninos y resinas. Por sus propiedades antibacteriales, se utiliza en casos de infecciones de todo tipo, así que puede ser empleada en casos de heridas e infecciones bucales.

También funciona en afecciones de las vías respiratorias, tales como: tos, asma, bronquitis, gripe y pulmonía, dado que también tiene poderes expectorantes y descongestionantes. En estos casos, se preparan baños de vapor con 30 grs de las hojas y/o las bayas en 3 litros de agua (se hierven y se inhalan los vapores para descongestionar).

También funciona para curar afecciones de las vías urinarias; se toma una infusión de 5 grs de hojas de eucalipto en 100 ml de agua.

Fenogreco: O alholva, pertenece a la familia de las Papilionáceas (*Papillionaceae*), especie *Trigonella foenum-graecum*. Sus semillas preparadas como lavativa, combaten el estreñimiento.

El té preparado con esta planta se emplea en casos de inflamación de garganta; en forma de cataplasma se tratan los problemas de hinchazón.

Floripondio: De la familia de las Solanáceas. Crece hasta tres metros de altura, tiene tronco leñoso; hojas grandes, alternas, oblongas, enteras y vellosas; flores solitarias, blancas, en forma de embudo, de unos tres decímetros de longitud, de olor delicioso, pero perjudicial es si se aspiran mucho tiempo, y fruto elipsoidal, con muchas semillas pequeñas en forma de riñón.

Las hojas del floripondio contienen resina, ácido tánico, glucosa, dextrina, atropina y sales minerales.

La composición de la raíz es semejante, aunque en el tejido leñoso de ésta se encuentre el principio activo en mayor cantidad.

La propiedad terapéutica que nos atañe se debe a la atropina, que también se encuentra en la belladona en mayores cantidades. Esta sustancia se emplea en medicina para dilatar las pupilas de los ojos y facilitar así su examen, además se usa como antiespasmódico en el tratamiento del asma, de la eclampsia (proceso agudo de convulsiones desencadenado por una hipertensión mal controlada durante el embarazo), la epilepsia y el tétanos.

Puede emplearse en cocimiento de una o dos hojas en 100 ml de agua para combatir espasmos dolorosos como los cólicos intestinales o hepáticos y en la ciática.

La tintura se prepara con 50 grs de hojas frescas y 100 ml de alcohol dejándola reposar al menos diez días y filtrándola, puede utilizarse tomando de 10 a 15 gotas en un poco de agua tres veces al día o como unciones en las neuralgias y en articulaciones adoloridas por el reumatismo. La ingesta de estos remedios no debe usarse por tiempo prolongado, puesto que la atropina es un veneno sumamente peligroso.

Aun en dosis pequeñas produce un estado de estupefacción con alucinaciones, vértigos, delirios y convulsiones. No debe usarse sin vigilancia profesional.

Fresno: Pertenecen al género *Fraxinus,* de la familia de las Oleáceas (*Oleaceae*). El fresno común o europeo corresponde a la especie *Fraxinus excelsior;* el fresno del maná, también llamado orno o fresno florido, es *Fraxinus ornus*, y el fresno de hoja estrecha, *Fraxinus angustifolia*.

El fresno blanco americano corresponde a la especie *Fraxinus americana*, el fresno de Oregón es *Fraxinus latifolia*, y el fresno rojo, *Fraxinus pennsylvanica*. Las partes que se utilizan en tratamientos de sanación son las hojas y la corteza. Tiene propiedades sudoríficas, diuréticas y laxantes, para lo cual se emplea en infusión. La corteza en decocción se empleaba en la antigüedad como sustituto de la quina.

Fucsia: Forma parte del género *Fuchsia*, de la familia de las Onagráceas (*Onagraceae*). La variedad cultivada con sépalos carmesí y pétalos color púrpura, rosa o blanco es *Fuchsia hy-*

brida. Las flores tienen propiedades tónicas, astringentes y también se emplean para bajar la temperatura en casos de fiebre intensa.

Genciana: Pertenece a la familia de las Gencianáceas (*Gentianaceae*). Se clasifica como *Gentiana lutea*. El nombre científico de la genciana maculada es *Gentiana punctata;* el de la púrpura, *Gentiana purpurea;* el de la de turbera, *Gentiana pneumonanthe,* y el de la de flores azules, *Gentiana burseri*. La raíz de la genciana contiene varios principios amargos, todos ellos glucósidos, como la genciopicrina (el más importante y que se encuentra en un 2% en la raíz fresca), la genciomarina y la gencina, entre otros. Con las raíces, una vez recogidas y por fermentación, se puede preparar un licor amargo. Tiene propiedades medicinales como febrífugo (que baja las fiebres), antiséptico, pero sobre todo es excelente tónico estomacal, ya que su ingestión aumenta la secreción gástrica. Alivia el escorbuto, la anemia, la anorexia, la debilidad y la leucorrea.

Geranio: Pertenece a la familia de las Geraniáceas (*Geraniaceae*), género *Pelargonium*. Por sus propiedades astringentes, es utilizado para tratamientos antidiarreicos. Se prepara en cocimiento de 4 grs de la raíz en 100 ml de agua (o de hojas y tallos en la proporción de 9 grs en 100 ml de agua), y se toma una cucharada cada hora. También se emplea en gárgaras o buches para aliviar la amigdalitis y la estomatitis.

Girasol: Forma el género *Helianthus,* de la familia de las Compuestas (*Compositae*). La pataca es la especie *Helianthus tuberosus.* Sus semillas sirven como tónico nervioso y pulmonar. El té preparado con sus hojas es bueno contra las afecciones nerviosas, las enfermedades de la garganta, los dolores estomacales, la fiebre de la malaria, la pulmonía y las llagas.

Gordolobo: Corresponde a varias especies como *Verbascum thapsus, V. pulverulentum, V. nigrum* o *V. sinuatum.* Todos ellos se incluyen en la familia de las Escrofulariáceas (*Scrophulariaceae*). Por su acción balsámica funciona sobre la circulación venosa, logrando la desaparición de las hemorroides y de las várices. Al contener, además, una sustancia mucilaginosa que calma la tos, sirve como expectorante y reduce la inflamación, por lo tanto se emplea en casos de bronquitis. También resulta útil en el tratamiento del asma de origen cardiaco, en edemas y efisemas pulmonares. El cocimiento se prepara con 6 grs de hojas en 150 ml de agua y se ingiere antes de cada alimento del día.

Helenio: Pertenece a la familia de las Compuestas (*Compositae*), especie *Inula helenium*. La raíz gruesa ramificada es amarga, huele como el alcanfor y contiene inulina, un hidrato de carbono utilizado en medicina. La planta se cultivaba en la antigüedad para utilizar la raíz como diurético y diaforético (medicamento inductor de la sudoración). Además de aliviar el dolor de bazo, curar el asma y las retenciones de orina de cualquier tipo.

Hinojo: Pertenece a la familia de las Umbelíferas (*Umbelliferae*), especie *Foeniculum vulgare;* el hinojo común usado como condimento es *Foeniculum vulgare*, variedad *azoricum*, y el hinojo de Florencia, *Foeniculum vulgare*, variedad *dulce*. Tiene propiedades carminativas y funciona como tónico estomacal y digestivo. Favorece la digestión, contribuye a expulsar las flatulencias y abre el apetito. Además, como contiene alanita, triptofano, metionina e histidina, se considera un gran antioxidante. Para estos fines, se toman dos tazas al día de una infusión de 5 grs de los frutos secos por cada taza de agua. Su riqueza en ácido ascórbico, oleico y linolico, le otorga el poder de reducir el nivel de colesterol en la sangre, previniendo de esta manera el riesgo de enfermedades coronarias como el infarto o las hemorragias cerebrales; se toma la infusión de sumidades florales secas media hora antes de las comidas. Contiene mucho hierro, que ayuda a recuperar la falta de éste en los estados anémicos. Favorece la eliminación de líquidos corporales, siendo muy adecuada su ingesta en casos de obesidad, enfermedades reumáticas y cardiacas que se asocian con la acumulación de agua en el cuerpo. Estimula la producción de leche en los periodos de lactancia. Favorece la menstruación y alivia los dolores asociados con ésta. En casos de glaucoma, ayuda a relajar los ojos de la excesiva presión intraocular. Aumenta la potencia y el deseo sexual si se toman tres tazas al día de la decocción de 10 grs de la raíz; o si se macera la planta en vino durante quince días y se toman un vaso antes de irse a dormir. En uso externo, utilizando el jugo fresco de la planta como colirio o las bolsitas de la infusión de forma directa sobre los ojos alivia las irritaciones de los ojos cansados, el glaucoma y los orzuelos. Además, sirve como tónico capilar (fortalece el cabello y contribuye a la preservación de éste).

Hierbabuena: Pertenece a la familia de las Labiadas (*Labiatae*); su nombre científico es *Mentha sativa*. Calma el dolor del intestino producido por cólicos, reduce las evacuaciones y actúa ligeramente como antiséptico intestinal.

En casos de bronquitis, funciona como descongestionante nasal.

Higuera: Forma el género *Ficus,* de la familia de las Moráceas (*Moraceae*). La higuera común es *Ficus carica*; el sicomoro, *Ficus sycomorus,* y la higuera sagrada de los budistas, *Ficus religiosa.* El árbol del caucho corresponde a la especie *Ficus elastica*; el baniano es *Ficus bengalensis,* y las dos higueras nativas de las regiones subtropicales de América del Norte son *Ficus aurea* y *Ficus citrifolia.* El uso de su jugo ayuda a la expulsión de las lombrices intestinales; aplicado directamente sobre heridas infectadas y en las amígdalas, cuando hay secreciones purulentas, ayuda a la eliminación de gérmenes y evita su multiplicación.

Ipomoea: El nombre científico de la familia de las Convolvuláceas es *Convolvulaceae.* La correhuela común es *Convolvulus arvensis.* El camote o boniato es *Convolvulus batata.* La campanilla es la especie *Ipomoea purpurea;* la especie *Ipomoea alba* forma flores que se abren al anochecer. La maravilla o dondiego de día es *Convolvulus tricolor*, también llamada Manto de la Virgen o Quiebraplato. El tallo de la ipomoea rastrera, conocida como *colomecátl* (flor de cuerda) se recomienda mucho en el herbario azteca. Su descripción dice que se utiliza como purgante en cantidad de 20 grs disueltos en un vaso de agua. Es muy importante que el uso de esta planta sea aceptado y estrictamente vigilado por un especialista, puesto que si se pasa un poco de la cantidad recomendada, produce efectos muy parecidos a los que posee el LSD y tiene una toxicidad tal que produce mareos y problemas bastante desagradables en el aparato digestivo.

Limón: El limonero es la especie *Citrus limon,* de la familia de las Rutáceas (*Rutaceae*). En casos de defecación excesiva resulta útil para detener las diarreas, tiene propiedades antiulcéricas gracias el beta bisolobeno que elimina la acidez gástrica. En insuficiencias hepáticas, el zumo de limón a voluntad estimula el hígado. Es muy rico en vitamina C potasio y calcio, por lo que tiene estupendas propiedades antiescorbúticas y mineralizantes. Su capacidad para regenerar los glóbulos blancos de la sangre (defensas del cuerpo contra enfermedades) lo convierte en uno de los mejores ayudantes en el combate de enfermedades virales y/o bacterianas. Alivia los dolores de cabeza, resultando especialmente útil en casos de migraña. Contiene propiedades depurativas, por lo que resulta un excelente remedio contra el reumatismo, la artrosis, la gota, el colesterol, la arterioesclerosis, los excesos de ácido úrico y la formación de piedras en el riñón. En las afecciones respiratorias, los componentes del aceite esencial le otorgan propiedades antibacterianas y expectorantes muy útiles en la curación de catarros, resfriados y gripes. Disminuye la temperatura del cuerpo en casos de fiebres. Además de contribuir como tónico cardiaco, previene la angina de pecho y ayuda en la circulación sanguínea. Aumenta la potencia sexual. El jugo de un limón y un par de cucharadas de miel mezclados en agua tibia, ingerido antes de irse a la cama, ayuda a conciliar el sueño. Las semillas machacadas y hervidas en leche (tomándose en ayunas), pueden ayudar a eliminar las lombrices intestinales: se machaca media cucharada (dosis para niños) o una entera (para adultos) de las semillas del limón, se hierven en leche y este remedio debe tomarse por un período de siete días para asegurar la eliminación de las lombrices.

Linaza: El lino pertenece a la familia de las Lináceas (*Linaceae*). La especie de la que derivan las variedades de fibra y semilla es *Linum usitatissimum*. Las semillas, una vez secas, se conocen como linaza. Utilizadas internamente, funcionan como laxantes, así que sirven en los tratamientos contra el estreñimiento al comerse crudas o mezcladas con agua y jugos (1 a 3 cucharadas por día).

A diferencia de la mayoría de los laxantes que suelen irritar los intestinos, la acción protectora de los mucílagos contenidos en estas semillas hace que su uso no resulte agresivo bajo ningún motivo.

Los efectos laxantes no son tan rápidos como con otros productos, pero sí efectivos si se toman regularmente. También tiene propiedades demulcentes, así que protege y repara las membranas gástrica y urinaria, por esto se ha utilizado para combatir irritaciones del sistema digestivo y urinario en general. También ayuda a eliminar las secreciones en el aparato respiratorio producidos por los resfriados, las gripes y las bronquitis. La riqueza de ácido alfalinoleico y otros ácidos grasos insaturados protege el corazón, evitando la angina de pecho, la arterioesclerosis y disminuyendo los niveles de colesterol en la sangre.

Parece ser que la ingestión de linaza ayuda a prevenir la aparición de tumores en el pecho y en la piel. Externamente, la harina de las semillas se utiliza como cataplasma y funciona para el tratamiento de afecciones de la piel, eccemas, hinchazones producidas por golpes o torceduras, maduración de forúnculos y quemaduras.

Llantén: Forma el género *Plantago*; el nombre científico de la familia de las Plantagináceas es *Plantaginaceae*. Por su contenido en mucílagos, ejerce propiedades emolientes (que suavizan las mucosas respiratorias), por lo que se utiliza para curar el dolor de garganta, la boca irritada y las llagas causadas por infecciones. También trata las afonías o ronquera de voz. Las cualidades antibacterianas del jugo de esta planta pueden ser aprovechadas para eliminar microorganismos que producen las enfermedades del aparato respiratorio. Posee propiedades expectorantes y descongestionantes. Para este fin se emplea un jarabe que se prepara machacando la planta, filtrando el líquido y mezclandolo a partes iguales con azúcar, después se disuelve a baño María.

Por su riqueza en taninos, tiene propiedades astringentes, adecuadas para detener las diarreas utilizando una infusión de 1 cucharada de las hojas por cada taza de agua. Funciona como diurético y favorece la coagulación de la sangre en las heridas. Su jugo, vertido directamente al oído o a los ojos, resulta adecuado para el tratamiento de la otitis (inflamación e infección del oído) y las infecciones oculares. Aplicado en la piel sirve no sólo detiene hemorragias en las heridas, sino alivia quemaduras y picaduras de insectos, para lo cual se usan las hojas machacadas como cataplasma sobre las zonas a tratar.

Madreselva: El nombre científico de la familia de las Caprifoliáceas es *Caprifoliaceae;* el género representativo es *Lonicera.* La madreselva japonesa es la especie *Lonicera japonica;* una de las especies cultivadas con mayor frecuencia es *Lonicera caprifolium.* Las flores de esta planta resultan adecuadas para el tratamiento de las enfermedades respiratorias. Contiene propiedades antisépticas, antitusivas y desinflamatorias. Se ha usado ampliamente por sus propiedades hepatoprotectivas, pues protege el hígado, lo tonifica y le ayuda a recuperarse. También funciona para combatir el estreñimiento, la retención de líquidos, la artritis y las piedras en el riñón. La madreselva contiene propiedades sedantes que se pueden usar para el tratamiento de los nervios y de las arritmias o palpitaciones que tienen origen nervioso. El ácido clorogénico, los taninos y el zinc hacen de esta planta un buen remedio contra las afecciones de la piel: trata y cura llagas, heridas, anginas, problemas de las encías y mejora el aspecto de las arrugas.

Maguey: Del género *Agave,* pertenece a la familia de las Agaváceas (*Agavaceae*). El agave americano, pita o maguey, se clasifica como *Agave americana*; el sisal, como *Agave sisalana*, y el henequén, como *Agave fourcroydes*. Las raíces de algunas especies producen una pulpa que al mojarse se transforma en una espuma que se emplea como jabón. Estas plantas jaboneras se llaman amoles.

En México, la savia del agave americano, denominada aguamiel, se deja fermentar para obtener una bebida alcohólica llamada pulque, que, por destilación, da un licor incoloro llamado mezcal. Se cuece el maguey y su jugo se combina con miel y se bebe como agua del día para aliviar los malestares y la tos producidos por infecciones de la garganta y tuberculosis; ayuda en casos de reumatismo e inflamaciones en general por sus poderes desinflamantes.

Maíz: Especie *Zea mays*, perteneciente a la familia Gramíneas (*Gramineae*). La especie perenne silvestre que se creía extinguida y se redescubrió en México es *Zea diploperennis*. La decocción de los pelos del maíz en proporción de 50 grs por litro de agua durante veinte minutos, constituye uno de los recursos naturales más importantes para aumentar la diuresis o eliminación de líquidos del organismo. Tomar cuatro vasos diarios de este preparado estimula los riñones y hace aumentar la necesidad de orinar, permitiendo así la desintoxicación en muchas anomalías corporales. Ayuda en casos de obesidad para perder peso excesivo, rebaja la presión arterial baja, previene la formación de piedras en el riñón o en la vesícula y ayuda a disolverlos, expulsa microorganismos causantes de cistitis y nefritis, además de que reduce las hinchazones que acompañan al síndrome premenstrual.

El aceite de maíz aplicado en piel y cabello ayuda a combatir la resequedad y proporciona brillo y protección contra los agentes externos como el polvo, el humo, el sol y el frío.

La harina de maíz colocada como cataplasma puede usarse para la curación de enfermedades de la piel y para el tratamiento de reumatismos: se aplica en las zonas afectadas una pasta elaborada con un vaso de harina de maíz y un chorrito de agua.

Malva: La familia de las Malváceas (*Malvaceae*) forma parte del orden Malvales. La malva común es la especie *Malva sylvestris*; la malva real o malva loca es *Alcea rosea,* y el malvavisco, *Althaea officinalis.* Los hibiscos son especies del género Hibiscus; la utilizada en la cocina es *Hibiscus sabdariffa.* El nombre científico del kenaf es *Hibiscus cannabinus*; el de la majagua, *Hibiscus tiliaceus*; el del yute de China, *Corchorus olitorius,* y el del gombo, *Abelmoschus (Hibis-*

cus) esculentus. El algodonero pertenece al género *Gossypium,* con especies como *Gossypium hirsutum, Gossypium arboreum, Gossypium herbaceum* o *Gossypium barbadense.* La malva blanca es la especie *Urena lobata;* la malva bruja, *Sida glutinosa;* la malva de caballo, *Melochia pyramidata;* la malva té, *Corchorus siliquosus,* y la malva prieta, *Malvastrum coromandelianum.* La balsa, que corresponde a la especie *Ochroma lagopus;* el árbol del capoc o capoquero del que se obtiene el miraguano, *Ceiba pentandra,* y el durión, *Durio zibethinus,* pertenecen a la familia de las Bombacáceas (*Bombacaceae*).

Por sus propiedades emolientes podemos usarla siempre que tengamos furúnculos, llagas, úlceras o cualquier tipo de lesión en la piel: la planta tierna y machacada se coloca en forma de cataplasma sobre la parte de la piel afectada, o se usa una compresa fría con la decocción de un puñado de hojas secas y flores por litro de agua. Con la infusión de la planta seca se puede realizar un colirio natural que será muy útil en caso de sequedad ocular e irritación. Como la malva es rica en mucílagos, resulta ideal para suavizar las mucosas del aparato respiratorio. Se utiliza en afecciones respiratorias como tos, catarros, dolor de pecho, afonía, ronquera, etc. Para este fin se prepara una infusión durante cinco minutos de una cucharada de flores con dos hojas de eucalipto y se toma varias veces al día. Si se quiere aliviar el estreñimiento, se emplea la decocción durante algunos minutos de 30 grs de flores y hojas secas por litro de agua y se ingieren tres tazas al día. El enjuague bucal con esta decocción ayuda a la desinflamación de heridas y aftas.

Malvavisco: Pertenece a la familia de las Malváceas, cuyo nombre científico es *Malvaceae;* es la especie *Althaea officinalis*. En uso externo se emplean las cataplasmas de las raíces del malvavisco para tratar y aliviar golpes y contusiones; prevenir la aparición de hematomas y chichones, y disminuir el dolor en quemaduras y heridas en general y enrojecimiento de la piel. Para este fin se hierve un puñado de raíces en agua durante varios minutos, el líquido debe aplicarse en una gasa que se pondrá en las zonas afectadas. También funciona en el tratamiento de furúnculos o granos para que disminuyan su tamaño y sequen con mayor rapidez. La cataplasma de las raíces se aplica en la zona afectada en caso de luxaciones, esguinces, artritis reumatoide, picaduras de insectos y comezón en general.

En uso interno se ha empleado para el tratamiento de las afecciones respiratorias. Los mucílagos ayudan a expulsar las mucosidades de los pulmones al mismo tiempo que los relajan. Se utiliza en casos de bronquitis porque también ejerce propiedades bactericidas. Es bueno para la tos debido a que suaviza los alveolos y desinflama los conductos respiratorios. En el asma resulta de mucha ayuda, pues permite la óptima respiración. Se emplea para estos casos una infusión de una cucharada de raíz seca por taza de agua (hervida durante diez minutos) y se toma durante siete días, una al despertar y otra antes de dormir. Para inflamaciones de los riñones y de las vías urinarias en general funciona efectivamente por sus propiedades antiinflamatorias, suavizantes y desinfectantes. Alivia el dolor y reduce la acidez gástrica, protege la mucosa del estómago y alivia los ardores de las úlceras, ejerce una acción reguladora del intestino que puede ser utilizada para el tratamiento tanto de la diarrea como del estreñimiento. Para la diarrea se usarán 5 ml de tintura al día repartidos en varias tomas durante dos días; en caso de estreñimiento se utilizará la infusión de una cucharada de flores y hojas por taza de agua (hervida durante diez minutos) y se tomarán tres de estas tazas al día. Esta planta es rica en colina, que, entre otras cosas, resulta muy importante para la transmisión de los impulsos nerviosos y ayuda a mantener la memoria en buen estado.

Manzanilla: Pertenece a la familia de las Compuestas (*Compositae*) o Asteráceas (*Asteraceae*). La manzanilla romana es *Chamaemelum nobile,* la manzanilla común se clasifica como *Matricaria recutita,* y la manzanilla hedionda o magarza es la especie *Anthemis cotula.* Por su condición de protector y reparador de la membrana gástrica es muy adecuada en todas aquellas afecciones en las que está dañado algún órgano del aparato digestivo, favorece la digestión difícil y ayuda a expulsar los gases. Es muy adecuada en casos de úlceras estomacales, gastritis, diverticulosis, cólicos, etc. Estimula la producción de bilis y protege al hígado. Se recomienda en estos casos la ingesta de dos a tres tazas al día de la infusión de una cuchara de flores secas por taza de agua. Pero si se usa una infusión mucho más cargada, puede resultar un excelente medio para provocar el vómito en caso de intoxicación. Esta planta también ayuda a controlar los niveles de colesterol en la sangre, facilita la menstruación y evita los dolores correspondientes a estos ciclos naturales del cuerpo femenino. Funciona también como sedante en casos de nerviosismo, insomnio y depresión. Es un diurético suave, especial para su aplicación en bebés e infantes o personas de edad ya muy avanzada. Es excelente ayuda en casos de sinusitis, pues tiene propiedades antisépticas y antiinflamatorias. Externamente, conviene su uso en cualquier afección cutánea, piquetes, quemaduras, heridas y ampollas.

Marihuana: Del género *Cannabis* pertenece a la subfamilia Cannabáceas (para ciertos autores tiene categoría de familia) dentro de la familia de las Moráceas (*Moraceae*). El cáñamo es *Cannabis sativa* y el nombre de cáñamo índico hace referencia en especial a la variedad *Cannabis sativa,* variedad *indica,* aunque se conozca también con este nombre común la especie. Aunque es una planta con varias propiedades medicinales, en la mayor parte de los países su uso está terminantemente prohibido por los efectos dañinos que tiene sobre el organismo. Como planta medicinal, ha sido utilizada por varios siglos en distintas culturas, pero últimamente se ha empleado como medio de distracción y entretención de manera bastante irresponsable. Aunque no produce una adicción física como otras sustancias, sí conlleva a un estado de evasión de la realidad, el cual produce una adicción sicológica en el organismo que la consume.

Aunque hay muchos medicamentos alópatas elaborados con algunos de los ingredientes activos de esta planta, su uso debe ser aceptado y dirigido por un médico altamente capaci-

tado. En uso interno funciona como antihemé-
tico porque protege el estomago y favorece la
desaparición del vómito, por lo cual esta planta es administrada a personas que ha recibido
quimioterapias. Por estas mismas propiedades,
junto con la capacidad del tetrahidrocannabinol
para evitar el estado de debilidad permanente
se administra a los enfermos de SIDA, aumentando así su apetito. También en algunos países ha sido utilizada como remedio para los dolores fuertes, provocadas por tumores malignos
y reumatismo. En los casos de glaucoma conlleva una disminución de la presión ocular. También tiene propiedades como relajante bronquial
en el asma y en el tratamiento de la tos que la
acompaña; funciona como ansiolítico y reduce el
nerviosismo. De las semillas se extrae un aceite ampliamente utilizado en cosmetología, pues
hidrata la piel. Pero hay que insistir en que su
uso, por el riesgo que acarrea la ingesta de sus
componentes, está prohibido en la mayoría de
los países. De utilizarse con permiso médico,
debe hacerse bajo estricta vigilancia de un profesional capacitado sin intentar aumentar las
dosis recomendada por el especialista.

Mastuerzo: Pertenece a la familia de las
Crucíferas (*Cruciferae*). El berro corresponde a
la especie *Nasturtium officinale;* el nombre cien-

tífico del mastuerzo es *Lepidium sativum;* el lepidio silvestre de Estados Unidos es *Lepidium virginicum*, y el berro de prado, *Cardamine pratensis*. Las hojas tiernas de esta planta comestible tienen propiedades aperitivas, por lo que se emplea en enfermedades que afecten el apetito del paciente, también se utiliza para evitar el escorbuto, aunque no debe ser administrado en caso de que esta dolencia se presente. Es un excelente diurético. Las hojas deben macerarse en vino blanco al menos por siete días e ingerirse una hora antes de cada alimento.

Menta: La familia de las Labiadas o Lamiáceas (de nombre científico *Labiatae* o *Lamiaceae*) pertenece al orden Lamiales. La hierbabuena es la especie *Mentha sativa*; la menta piperita es *Mentha piperita*; la menta, *Mentha spicata,* y el poleo, *Mentha pulegium.* El orégano es la especie *Origanum vulgare*; la mejorana es *Majorana hortensis*; la ajedrea, *Satureja montana,* y la albahaca, *Ocimum basilicum.* Los tomillos constituyen el género *Thymus.* El espliego es la especie *Lavandula angustifolia*; el romero es *Rosmarinus officinalis,* y la salvia, *Salvia officinalis.* Si se toma una tisana con la infusión de hojas secas inmediatamente después de dejarlas reposar un tiempo en agua acabada de hervir sirve para aliviar las molestias del aparato digestivo y del hígado. Por sus propiedades antioxidantes previene la aparición de cataratas. En caso de fiebre alta su ingesta promueve la sudoración y disminuye de esta manera la temperatura corporal. También funciona como tranquilizante, calma las palpitaciones cardiacas, ayuda a disminuir los efectos sicosomáticos de la depresión e induce al sueño cuando se sufre insomnio. Elimina el mal aliento y se dice que, si se toma una infusión de las flores secas por un mes tres veces al día, aumenta el deseo sexual.

Muérdago: Pertenece a la familia de las Lorantáceas (*Loranthaceae*). El muérdago europeo es la especie *Viscum album;* el americano, *Phoradendron flavescens,* y el muérdago enano, *Arceuthobium pusillum.* Baja el exceso de presión arterial y regula el ritmo cardiaco. Resulta eficaz en el tratamiento del glaucoma y el zumbido de oídos. También es un buen remedio contra la epilepsia. Para todos estos males se administra una infusión de la corteza y hojas secas en la proporción de una cucharada por taza de agua. Aplicada como compresa sobre las zonas afectadas por dolores reumáticos brinda alivio.

Orégano: El género *Origanum* pertenece a la familia de las Labiadas, cuyo nombre científico es *Labiatae.* El orégano es la especie *Ori-*

ganum vulgare. En uso interno funciona muy bien contrarrestando espasmos intestinales si se ingiere una infusión de una cucharada de sumidades florales en una taza de agua tres veces al día. También expulsa los gases intestinales.

En dolencias respiratorias causadas por procesos infecciosos como catarros, resfriados y bronquitis, eliminana la tos, desinflama los bronquios y ayuda a eliminar los gérmenes. Las infusiones bien calientes de flores de esta planta ayudarán a reducir la fiebre usando las mismas proporciones mencionadas anteriormente. Rebaja ligeramente los dolores relacionados con el flujo menstrual y facilita el vaciado, evitando los problemas colaterales que origina, como dolores de cabeza y estómago, retención de líquidos e irritabilidad general.

Además, es una de las plantas con más antioxidantes, contiene más de treinta compuestos con estas propiedades, las cuales (tomándose tres veces al día) pueden ser muy útiles en el tratamiento de enfermedades como el SIDA o el cáncer. Favorece la circulación y mejora el riego sanguíneo al cerebro, por lo que podría ser un apoyo al estímulo de la memoria. Externamente, se recomienda su uso por sus propiedades antisépticas y fungicidas para la desinfección de heridas y, como también posee características analgésicas y cicatrizantes, quitarán el dolor y ayudará a los tejidos en su óptima recuperación. Igualmente, podemos realizar gargarismos o buches en caso de amigdaliti y aftas en la boca para eliminarlas rápidamente.

Ortiga: Pertenece a la familia de las Urticáceas, de nombre científico *Urticaceae,* forma parte del orden Urticales. El género representativo es *Urtica.* La ortiga mayor es la especie *Urtica dioica,* aunque existen otras ortigas como *Urtica pilulifera*, *Urtica membranacea* o *Urtica urens*. La planta del aluminio es *Pilea cadierei,* y el ramio, *Boehmeria nivea.* Funciona como estimulante del sistema digestivo, es antidiarreica, protege al hígado y ayuda a su recuperación en caso de cualquier enfermedad relacionada a él. Aumenta las secreciones y favorece los movimientos peristálticos, por lo que favorece la digestión y la eliminación de las heces del intestino, se puede considerar un laxante suave. Para estos fines, se toman tres tazas al día de la decocción por diez minutos de la raíz seca.

Papa: Del género *Solanum,* de la familia de las Solanáceas (*Solanaceae*). La patata blanca común corresponde a la especie *Solanum tuberosum.* Contiene propiedades emolientes, es decir, suavizantes de la piel. Esta cualidad hace que la papa o su jugo puedan ingerirse para combatir los problemas estomacales, dado que también contiene propiedades antiácidas. También funciona para eliminar problemas hepáticos. Para esto se machacan las papas, se filtra su jugo y se toma media taza cinco veces al día.

En uso externo, se aplica en forma de pomada sobre las zonas del cuerpo doloridas para eliminar el dolor y rebajar las inflamaciones, para cicatrizar heridas, mejorar torceduras, congelaciones, ampollas, quemaduras y moretones. Si se aplica una rodaja de papa sobre los ojos cansados o adoloridos, funciona para desinflamar y aliviar el dolor.

Papaya: Del género *Solanum,* de la familia de las Solanáceas (*Solanaceae*). La papaya blanca común corresponde a la especie *Solanum tuberosum*. La ingestión habitual de este fruto ayuda a mejorar la digestión, especialmente cuando se produce una deficiencia de los jugos gástricos, lo cual conlleva a digestiones pesadas, lentas y con abundantes gases intestinales y eructos. Protege al estómago, así que se aconseja su ingesta en casos de gastritis. También ejerce acción astringente cuando existen problemas de diarrea: se pone una rodaja sin semillas a hervir en medio litro de agua durante cinco minutos y se bebe tres veces al día un poco de este líquido diluido en agua. En caso de estreñimiento, se toma la fruta en ayunas para facilitar la expulsión de sólidos. La papaína tiene la capacidad de eliminar lombrices intestinales: se toma una cucharada de las semillas machacadas en ayunas durante un periodo de veintiún días, descansando una semana, y volviendo al tratamiento por otro lapso igual. Como las semillas tienen un sabor picante se pueden licuar con un vaso de agua de papaya con miel, haciendo de esta manera más agradable su ingesta.

En uso externo elimina los callos, los granos, las espinillas y los barros. Se aplica para estos fines una mascarilla por quince minutos y se enjuaga con abundante agua fría. Si se hacen gargarismos con el zumo de esta fruta, se ayuda a eliminar la inflamación y el pus en casos de infecciones de la garganta.

Pasionaria: Pertenece al género *Passiflora*, y a la familia de las Pasifloráceas (*Passifloraceae*). La pasionaria común es la especie *Passiflora caerulea*. La maracuyá es la fruta de la especie *Passiflora edulis*. La pasionaria o pasiflora resulta uno de los mejores remedios contra todo tipo de manifestaciones nerviosas, pues calma los nervios y relaja al organismo, favorece la conciliación del sueño y combate los síntomas somáticos de la depresión.

Calma los dolores, especialmente cuando éstos se relacionan con problemas del sistema nervioso, como las migrañas. Para estos fines, se toma una taza repartida en tres tomas al día de una infusión de varias cucharadas de planta seca por medio litro de agua. También disminuye la presión arterial, por lo que se recomienda en casos de hipertensión. Como su uso es delicado, pues dosis demasiado fuertes pueden provocar alucinaciones, se recomienda ampliamente que su ingesta sea supervisada y aprobada por su médico de confianza. No debe ser usada, bajo ningún motivo, en periodo de lactancia o embarazo.

Perejil: Pertenece a la familia *Petroselinum,* que contiene dentro de ella a *Petroselinum crispum,* aunque también hay otras como *Petroselinum sativum* y *P. segetum,* con las mismas propiedades. Todas ellas pertenecen a la familia de las Umbelíferas (*Apiaceae* o *Umbelliferae*). Favorece la digestión, contribuye a expulsar las flatulencias, abre el apetito y resulta muy adecuado en espasmos intestinales si se toma dos veces al día una infusión de una cucharada de semillas por taza de agua, dos veces al día. Es uno de los mejores diuréticos por la acción del apiol, que favorece la eliminación de líquidos corporales, siendo muy adecuada en casos de obesidad, enfermedades reumáticas y cardiacas que se asocian con la acumulación de agua en el cuerpo; es muy útil para evitar y disolver cálculos renales o piedras en el riñón, ya que permite la expulsión de la arenilla a través de la orina antes de que ésta sedimente y se compacte. Para estos fines se toman tres cucharadas de jugo al día, obtenido al machacar la planta o se prepara una decocción de la raíz seca. También favorece la menstruación y alivia los dolores asociados con ella.

Externamente, funciona para aliviar las irritaciones de ojos cansados si se exprime el jugo de la planta tierna y se aplica con ayuda de una gasa sobre los ojos. Como tiene propiedades anestésicas atenúa los dolores de oído, de muelas, de tendones, golpes y moretones aplicando una cataplasma con el jugo del perejil diluido en alcohol sobre la zona a tratar. Si se vierte una infusión de un par de litros de agua con 50 grs de frutos en el agua de baño producirá un efecto notablemente relajante en el cuerpo. Además, puede ser utilizada por aquellas mujeres que sufran exceso de producción de leche en el periodo de lactancia: se aplica directamente en pecho y pezones el jugo de esta planta para controlar este desorden. El mal olor de boca o halitosis se puede combatir fácilmente masticando unas hojas de perejil.

Peyote: Pertenece a la familia de las Cactáceas (*Cactaceae*); es la especie *Lophophora williamsii*. Tradicionalmente se ha utilizado en México como analgésico contra los dolores de muelas, el reumatismo, el asma y los resfriados. En psicoterapia debe ser usado bajo prescripción médica para el tratamiento de la neurastenia y algunas enfermedades cardiacas. Tiene poderes antibacterianos muy potentes, es capaz de eliminar cepas que se manifiestan resistentes a las penicilinas. Pero como contiene un alcalino potentemente tóxico llamado mescalina, no se recomienda su uso pues en dosis fuertes produce cambios de percepción y alucinaciones caracterizadas por colores vivos, alteración del sentido del tiempo y, a veces, sensación de ansiedad. Por lo que se sabe, no crea hábito, aunque el consumo de la droga impura o en grandes dosis puede provocar efectos tóxicos como náuseas y depresión respiratoria. Los indígenas del norte de México utilizan el peyote en los ritos religiosos desde la época precolombina. La mescalina se ha utilizado en investigaciones sobre la esquizofrenia y otras psicosis.

Plátano: Pertenece al género *Musa*, de la familia de las Musáceas (*Musaceae*). Los plátanos maduros, también llamados machos, son de la especie *Musa paradisiaca*.

El plátano de Manila se extrae de *Musa textilis*. Los plátanos son muy ricos en hidratos de carbono, por lo que constituyen una de las mejores maneras de nutrir de energía vegetal a nuestro organismo. Son muy indicados para las dietas de los niños, que precisan muchas veces de un alimento que pueda saciar su hambre rápidamente.

Por su riqueza de potasio, ayuda a equilibrar el agua del cuerpo contrarrestando el sodio y favoreciendo la eliminación de líquidos. Se aconseja la ingesta de este fruto en casos de hipertensión, gota, enfermedades reumáticas, nerviosismo, depresión, calambres musculares y colesterol alto en la sangre.

Es fácilmente digerible, rico en componentes que estimulan los procesos digestivos y es adecuado para combatir la inapetencia y la anorexia. Previene las úlceras gástricas y protege la mucosa intestinal.

Para aquellos con problemas de diarrea los plátanos pueden funcionar óptimamente por sus propiedades astringentes. No hay límites en la ingesta de este fruto y se recomienda siempre su uso en la dieta de cualquier individuo.

Rábano: Forma el género *Raphanus,* de la familia de las Crucíferas (*Cruciferae*); el rábano común de huerta es *Raphanus sativus.* Por las grandes cantidades de vitamina C que contienen se considera uno de los mejores alimentos para evitar o tratar el escorbuto. Tiene una gran importancia en los tratamientos contra el cáncer y en la inhibición de las células cancerosas.

Las semillas se usan para la elaboración de una tisana que combate esta enfermedad. El jugo de rábano exprimido, utilizado externamente, ayuda a curar las heridas de la piel, las quemaduras y las congelaciones porque cicatriza de manera óptima. Se recomienda su consumo en la dieta normal de cualquier persona, puesto que aumenta la flora intestinal y favorece los procesos digestivos. De igual manera, es capaz de neutralizar aquellas bacterial perjudiciales para el organismo y cuya presencia en el intestino produce gases, podredumbres y pesadez intestinal en general. También ayuda a curar el estreñimiento crónico (por la cantidad de fibras que contiene), la colitis y la diarrea. Resulta un muy buen diurético, ayudando a eliminar a través de líquidos todo aquello que esté de más y reaccione negativamente en el organismo; deshace y elimina las piedras que se forman en los riñones y ayuda a la prevención de nuevas formaciones. El jugo de rábano constituye uno de los mejores desodorantes naturales: se saca el jugo de 1 kg de rábanos y se guarda en el refrigerador, así, cada vez que uno sale de bañarse utiliza este líquido para untárselo.

Ruda: Pertenece a la familia de las Rutáceas (*Rutaceae*). Su nombre científico es *Ruta graveolens*. Internamente se usa para tonificar las arterias, proteger los capilares y eliminar várices, edemas o problemas de circulación: se emplean unas 12 gotas de extracto fluido de esta planta al día repartidas en dos tomas durante el tiempo que sea necesario para el tratamiento de la afección. Utilizada en infusiones muy diluidas (medio gramo de la planta seca por taza de agua o 1 gr de la planta tierna por taza de agua) resulta un excelente estimulante digestivo. La ruda es uno de los emenagogos más potentes, favorece la liberación de fluidos menstruales; pero su uso resulta un poco peligroso para las embarazadas, pues es uno de los abortivos naturales más conocidos y utilizados. En zonas indígenas, donde esta planta constituye parte del ambiente natural, las mujeres suelen utilizarla para evitar los embarazos, casi se podría decir que como método anticonceptivo, aunque técnicamente no provoque más que abortos en cualquier periodo del proceso de gestación. En homeopatía, se usan sus propiedades rubefacientes para calmar dolores e inflamaciones producidas por golpes, distensiones, torceduras y enfermedades reumáticas.

Debido a la toxicidad de esta planta, se recomienda que su empleo sea supervisado estrictamente por un especialista, pues en dosis elevadas tiene un efecto depresor sobre el sistema nervioso central, actúa en el aparato digestivo produciendo irritaciones en las mucosas intestinales, bucofaríngeas, riñones e hígado. Su manipulación externa conlleva a la probabilidad de aparición de lesiones en la piel, pues esta planta contiene ciertas sustancias que al contacto con la luz solar reaccionan provocando dermatitis, ampollas, manchas, prurito y fiebres.

Salvia: Nombre común del género *Salvia,* de la familia de las Labiadas (*Labiatae*). La salvia común es la especie *Salvia officinalis.* Ayuda a la exterminación de infecciones en general, pues tiene propiedades bactericidas. Para tratar enfermedades del sistema respiratorio se utiliza una decocción de una cucharada de hojas secas por taza de agua y se toma dos veces al día.

En caso de infecciones en la garganta, amigdalitis, faringitis, laringitis, ronquera e infecciones bucales se usa esta misma decocción en forma de gargarismos o buches. Contra las digestiones pesadas, la diarrea y los vómitos es un buen remedio tomar tres tazas repartidas a

lo largo del día de la infusión de 15 grs de hojas secas por cada litro de agua, lo que ayuda a
eliminar la acidez y la hinchazón abdominal.

Rebaja los dolores de la menstruación y evita
los problemas colaterales propios de este estado
como dolores de cabeza, estómago, retención de
líquidos e irritabilidad general. Su ingesta disminuye la cantidad de azúcar en la sangre, por lo
que se recomienda ampliamente a aquellas personas que padecen de esta enfermedad que to-
men un vaso al día de maceración elaborada con
esta planta, en la proporción de 100 grs de hojas
en un litro de vino de jerez, durante diez días.

También resulta muy útil como relajante
muscular en dolores producidos por estiramien-
tos o esfuerzos extremos sin preparación pre-
via: se frota la zona adolorida con una mezcla
de diez gotas de aceite esencial en dos cucharadas de aceite de oliva, o se agregan 20 gotas
de este mismo aceite esencial al agua de baño,
permanecer en el agua por unos veinte minutos para dejar que actúen las propiedades rela-
jantes de la planta.

Por otro lado, como es muy rica en zinc, la
salvia también puede ayudar en casos de problemas de fertilidad.

Sábila: Del género *Aloe*, pertenece a la familia de las Liliáceas (*Liliaceae*). Se usa en ca-

sos de inflamación del estómago, acidez gástrica, gastritis y úlceras estomacales. Ayuda a recuperar las mucosas sin sobrepasar la dosis de 5 grs al día. Funciona también como laxante y purgante. Tiene propiedades antisépticas, antiinflamatorias, hidratantes y regeneradoras. Aplicada sobre la piel resulta uno de los mejores remedios para curar heridas, congelaciones, llagas, úlceras cutáneas, quemaduras, piquetes de insectos, psoriasis y acné. En estos casos, se aplica directamente sobre las zonas a tratar. Fortalece, además, el cabello y las uñas.

Tomillo: Forma el género *Thymus,* de la familia de las Labiadas (*Labiatae*). El tomillo es la especie *Thymus vulgaris,* y el serpol, *Thymus serpyllum.* Favorece la digestión, evita los espasmos gástricos e intestinales y la formación de gases y retenciones pútridas en los intestinos: se toma la infusión de una cucharadita de sumidades florales por cada taza de agua, debe ingerirse inmediatamente después de cada alimento del día. Si se añade un ramito de flores a cualquier preparado puesto al fuego, funciona como estimulante del apetito y su uso se recomienda en casos de anorexia. Como el tomillo es muy rico en hierro, puede servir cuando se presentan deficiencias del mismo y anemias. Es un potente antiséptico, elimina los gérmenes y reduce los síntomas de infecciones. Se puede usar para aliviar el dolor de garganta.

Rebaja los dolores y molestias de la menstruación. En situaciones de cansancio y pesadez general, una infusión ligera ayuda a conciliar el sueño. Se usa externamente para aliviar dolores musculares y golpes: se frota la zona adolorida con una mezcla de 10 gotas de aceite esencial en dos cucharadas de aceite de oliva. Por sus propiedades antisudoríficas y bactericidas resulta muy adecuado para impedir la proliferación de los gérmenes que causan ardor en los pies. Ayuda, además, a la óptima recuperación y cicatrización de los tejidos en casos de heridas.

Toronjil: O melisa, pertenece a la familia de las Labiadas (*Labiatae*). Su nombre científico es *Melissa officinalis*. Constituye uno de los mejores remedios contra problemas de los nervios por sus poderes tranquilizantes. Se prepara una infusión de una cucharada de las hojas por cada vaso de agua durante quince minutos y se toman cuatro o cinco vasos al día. En casos de insomnio, tres gotas del aceite esencial en un terrón de azúcar servirán para inducir al sueño. Su uso no sólo se limita a problemas nerviosos. Se utiliza también para calmar los espasmos del sistema digestivo, las malas digestiones, retortijones, vómitos y gases intestinales. Los dolores de cabeza, de muelas y de oídos pueden ser aliviados también con la infusión ya antes mencionada. La infusión de 4 cucharadas por litro de agua funciona para aliviar el malestar de piquetes de insectos y curar de heridas o llagas. También elimina el mal aliento si se mastica unas cuantas hojas.

Glosario de preparaciones

Cataplasma: Preparación de consistencia pastosa que se aplica externamente para aliviar dolores y malestares. Se realiza machacando ingredientes frescos o cocidos dependiendo de la receta en específico.

Cocción: Es una bebida obtenida de las partes de la planta, frescas o secas, a las cuales se les vierte o se les introduce en agua hirviendo.

Infusión: Es una bebida obtenida de las hojas secas, partes de las flores o de los frutos de diversas hierbas aromáticas, a las cuales se les vierte o se los introduce en agua a una temperatura mayor a la ambiente, pero sin llegar a hervir.

Jarabe: Líquido de consistencia viscosa, por lo general contienen soluciones concentradas de azúcares, como la sacarosa, en agua o en otro líquido. Si se utiliza agua purificada solamente para preparar una solución de sacarosa, la preparación se conoce con el nombre de jarabe simple. En cambio, si la preparación contiene alguna principio activo adicionado, se emplea el nombre de jarabe medicado. También existe el jarabe aromatizado, que por lo general no está medicado pero contiene diversas sustancias aromáticas o de sabor agradable y se utiliza en la mayoría de los casos como vehículo o agente aromatizante.

Maceración: Consiste en sumergir el producto a macerar en un recipiente con la menor cantidad de agua posible, sólo lo suficiente como para cubrirlo totalmente. Esto se hace por un lapso más o menos largo, dependiendo de lo que se vaya a macerar.

Tintura: Es un preparado que resulta de mezclar partes de una planta o varias con alcohol o vino dependiendo del remedio.

Índice

Remedios Caseros. La Salud en su hogar

Se terminó de imprimir en el mes de mayo del 2009
en los talleres de Impresora y Editora Tepepan S.A. de C.V.

Ubicada en calle Abasolo No. 15-A
Col. Tepepan, Deleg. Xochimilco.

El tiraje fue de 1,000 ejemplares
México, D.F.